DAS GOLDENE BUCH VON
TAORMINA

Text von
GIULIANO VALDES

BONECHI

INHALT

CASA EDITRICE BONECHI

TAORMINA
Entwurf und Verlagsidee: Giampaolo Bonechi
Bildforschung: Serena de Leonardis
Grafischer Entwurf: Laura Settesoldi
Redaktion: Anna Baldini

Texte und Mitarbeite
Texte: Giuliano Valdes - Editing Studio, Pisa
Der Text auf Seite 91 wurde von der Redaktion verfaßt
Der Text auf Seite 94 ist von Michele Cecchi
Umbruch: Studio Forma - Scarperia (Florenz)
Übersetztung: Studio Comunicare - Florenz
Zeichnungen: Stefano Benini

Druck in Italien: Centro Stampa Editoriale Bonechi

Umschlaggestaltung: Grafiker der Casa Editrice Bonechi.
Sowohl in Italien als auf internationaler Ebene ist auch die Umschlaggestaltung gemäß Paragraph 102 des Gesetzes 633 urheberrechtlich geschützt.

Die Fotos gehören dem Archiv Bonechi
und sind von Paolo Giambone *und* Andrea Pistolesi,
mit Ausnahme der folgenden:
S. 6, 29, 70 unten: Foto Fichera
S. 92, 95: Fotos von Sonia Gottardo
S. 54 oben, 75 oben, 76 unten, 77, 81, 85: Fotos von Mario Tornatore
S. 93: Foto von Giuliano Valsecchi

ISBN 88-8029-360-5

* * *

Teilansicht der Bühne des griechischen Theaters.

Auf der nächsten seite: Antike Säulen zieren das griechische Theater.

EINLEITUNG UND GESCHICHTE

Mit einfachen Worten das touristische Gesamtbild Taorminas wiederzugeben sowie sein landschaftliches Umfeld zu schildern, ist sicherlich kein leichtes Unterfangen. Man denke nur für einen Augenblick daran, daß diese bezaubernde Gegend aus der Provinz Messina schon im 18. Jahrhundert als Versuchsmodell für das, was heute kurz "Touristenpromotion" genannt wird, verwendet worden ist. Und obwohl dieses Idyll der Beschaulichkeit eher an das Gemälde eines romantischen Malers erinnert, bleibt das Bild Taorminas und seines bezaubernden Umfelds doch gleichzeitig wirklichkeitsnah und greifbar und legt Zeugnis ab über das Wesen dieses unvergleichlichen mittelmeerischen Landschaftsbilds und seiner unwiderstehlichen touristischen Anziehungskraft. Wo im klassischen Altertum die Vision des feuerspeienden und von Erdbeben erschütterten Ätna den Mythos des Vulkans hervorrief und die ionischen Küsten Schauplatz der legendären Figuren Homers wurden - von Neptun bis zu den Zyklopen, jenen furchterregenden Monstern als offenkundige Allegorie auf die Gefahren, die das Meer für die Seefahrer bereithält -, da ist heute dieser mittelmeerische Traum für alle greifbar. In unserer Zeit gibt es keine Monster mehr - seien diese nun metaphysicher oder realer Natur; und dennoch braucht es einer gebührenden und respektvollen Annäherung an dieses Städtchen mit seiner Geschichte, seiner Kultur, seinen archäologischen und historischen Reichtümern, seiner Kunst und seiner wunderschönen Umgebung. Der Berg Taurus (397 m) ist der südlichste Ausläufer der Bergkette Peloritani. Auf dieser durch zwei tief eingekerbte Flußbetten abgeschlossenen Erhebung aus Kalkstein öffnet sich ein anmutiges terrassenförmig angelegtes Plateau, das seit Urzeiten Taormina beherbergt. Dieser Ort, der umgeben ist von seit Menschengedenken besiedeltem Berggebiet, gibt ungehinderten Ausblick auf das Panorama des ionischen Meeres: sichtbar sind sowohl die Meerenge von Messina als auch die Küste Kalabriens sowie das wuchtige, beein-

druckende Profil des Vulkans Ätna, dessen Inneres unaufhörlich von seismischen und vulkanischen Aktivitäten erschüttert wird. Diese sind tagsüber an der charakteristischen Rauchfahne und dem dumpfen Grollen - wie dem eines fernen Gewitters - erkennbar, während nachts schauderhafte Blitze und der rötliche Widerschein der Glut die Finsternis in Vulkannähe zerreißen. Das eigentliche Wohngebiet Taormina liegt 204 m über dem Meeresspiegel und ist über eine Aussichtsstraße, die es außerdem an die Autobahn und die Hauptverkehrsstraße anbindet, bequem zu erreichen. Die Touristen haben überdies die Möglichkeit, die Seilbahn zu benutzen, welche bei dem Küstenort Mazzarò ablegt. Der geschichtlich bedeutungsvolle Ortskern des Städtchens ist malerisch und ungewöhnlich klar gegliedert zugleich, er hat zahlreiche Gebäude und Denkmäler aus der griechischen sowie der römischen und mittelalterlichen Periode aufzuweisen. Ströme von Besuchern jeder Herkunft und Nationalität bevölkern Taormina - durch die Eleganz der Geschäfte und die gemütliche Stimmung der Treffpunkte und typischen Lokale angezogen - zu jeder Jahreszeit. Der Ort wird von einem Mischwald mit typisch mittelmeerischem Charakter überragt, der hier und da von ausgedehnten Zypressen- sowie Olivenhainen unterbrochen ist; ebenso ist die Strandkiefer mit ihren säftig grünen Gipfeln auszumachen, es finden sich Palmen, Kakteen und noch andere für die subäquatoriale Zone typische Pflanzenarten. Orangen-, Zitronen- und Mandarinenbäume mit ihrem betörenden Duft geben den immergrünen Gärten eine besondere Note und sind Ausdruck für jenen besonderen, intensiven Reiz der Mittelmeerlandschaft. Noch wertvoller wird dieses im ionischen Teil Siziliens eingebettetes Juwel durch das äußerst angenehme und gesunde Mikroklima des Ortes, das durch die Lage an der Küste stark geprägt ist: es präsentiert sich mild und beständig und streckenweise leicht feucht. Im Winter liegen die Temperaturen meist um die 11-12°C, ein Abfallen unter 10°C ist selten. Es kommt kaum zu Niederschlägen, im Gegenteil: der Ort ist durch eine große Anzahl von klaren und sonnigen Tagen gekennzeichnet. All diese Elemente machen aus Taormina einen Aufenthaltsort mit bestem Ruf, einen idealen Ort für Urlaub und Tagungen. Eine ganze Reihe gehobener Hotels ist vorhanden, teilweise auch in den Küstenorten Isola Bella, Mazzarò und Spisone. Das Touristenangebot wird durch eine Großzahl an qualifizierten Strukturen für Freizeit und Sport ergänzt. Aufgrund seiner einmaligen geografischen Lage auf halber Strecke zwischen Messina und Catania ist Taormina idealer Ausgangspunkt für Ausflüge von eindeutig naturalistischem und landschaftlichem Interesse. Erwähnenswert sind über die bereits genannten Orte Isola Bella, Mazzarò und Spisone hinaus auch die Küstenorte Giardini-Naxos, die Schlucht von Alcàntara, welche sich zwischen Wänden aus Lavagestein ihren Weg bahnt, die Küste der Zyklopen *mit den malerisch schönen Küstenorten Aci Trezza und Aci Castello, das nahe gelegene Acireale, der Mongibello beziehungsweise Ätna, Symbol Siziliens, wichtigster Vulkan und unumstrittener Herr des Feuers im mittelmeerischen Landschaftsbild. Besonders nennenswert unter den typischen Veranstaltungen der Gegend sind das Fest des* Carretto Siciliano *("sizilianischer Karren"), das im Mai stattfindet, und die Sommervorstellungen im Griechischen Theater. Bekannt ist Taormina auch aufgrund einer blühenden Handwerkskunst (Keramik, Porzellan, Stroharbeiten, Korbgeflecht, Stoffe, Spitzen, Stickereien); nennenswert sind außerdem die* Firrizzi *(eine Art kleiner, recht handlicher Schemel aus Holz mit unverkennbarer Abstammung vom Hirtenbetrieb); eine interessante Form der Stickereien ist die sizilianische Durchbrucharbeit, die Tischläufer, Tischdecken, Kleider und Handtücher bereichert. Charakteristisch sind die* Friscaletti *(in Schilfrohr gearbeitete Hirtenflöten mit rustikalen Einkerbungen). Zu den erwähnenswerten handwerklichen Tätigkeiten zählt überdies die Einlegearbeit in Marmor. Kunstvolle, unter Verwendung von hochwertigem, mehrfarbigem Marmor erstellte Werke (gelber sizilianischer Marmor, Lapislazuli, roter Marmor aus Taormina, grüner Serpentin, graubrauner Bardiglio aus Carrara, Onyx aus dem Pakistan, roter Marmor aus Levanto) sind käuflich zu erwerben bei der Werkstatt des Bildhauers Gigi Samperi in der* Contrada Branco *(auf der Straße nach Castelmola). Die internationale Kundschaft des kleinen Städtchens flaniert auf dem zentral gelegenen Corso Umberto, der mit einer übergroßen Anzahl von Werkstätten bestückt ist, die einheimische Produkte (sehr schön zum Beispiel die Halsketten aus Korall und Lavagestein) und Souvenirs feilbieten. Auch in Taormina, werden Vorstellungen des charakteristischen* Teatro dei Pupi *(Puppentheater) organisiert. Die Denkmäler und Gebäude in ihren verschiedenen Baustilen legen Zeugnis ab über die tausendjährige Geschichte des Ortes: da sind das Griechische Theater , da sind Spuren aus der Römerzeit: nicht zu vernachlässigen ist die Erkenntnis, daß uns das größte Denkmal aus der Vergangenheit Taorminas - eben dieses Theater - in Form einer nahezu vollständigen, in der römischen Epoche vorgenommenen Rekonstruktion überliefert ist; da sind zum Beispiel die Naumachie, ein imponentes Nymphäum (den Nymphen geweihtes Brunnenhaus) und das Odeon aus der Kaiserzeit. Und schließlich finden wir auch Spuren aus dem Mittelalter: aus dieser Epoche haben sich Teile der Stadtmauern und des Schlosses erhalten, jenem uneinnehmbaren Adlerhorst auf der Felsenhöhe, welcher ein weitläufiges Gebiet beherrscht. Unter den Wohnsitzen und mittelalterlichen Palästen verschiedenster Baustile befinden sich Bauwerke von seltenem Zauber. Die für die Zeit der Aragonier typischen Bauten zeigen Spuren des gotischen Stils; die sogenannte sizilianische Renaissance ihrerseits ist merklich gekennzeichnet durch den normannischen Baustil, in dem der blendend weiße Kalkstein sowie der dunkle Bimsstein ihre Anwendung finden. Die ersten Ansiedlungen von Menschen auf Sizilien, die nachgewiesen werden konnten, stammen aus der Jungsteinzeit; manche Funde gar deuten darauf hin, daß ein erster Menschenverkehr auf der Insel in der Altsteinzeit stattfand. Unanfechtbar scheint allerdings zu sein, daß die ersten Ansiedlungen auf eben der Anhöhe, wo sich das heutige Taormina befindet, aus dem 13. bis 12.Jh. v.Chr. stammen. Archäologische Untersuchungen im Bereich von Cocolonazzo di Mola wollen Spuren einer sikulischen Totenstadt ausfinding gemacht haben.* Tauromenion *wurde demzufolge von den Sikulern gegründet und stellte alsbald solide Beziehungen zu den aus der Stadt Chalkis stammenden Griechen her, die sich dem Küstenstreifen entlang niedergelassen und dort die Kolonie Naxos gegründet hatten. Diese Kolonie wurde im Jahr 392 v.Chr. durch Dionysius I., dem Tyrannen von Syrakus, zerstört. Im Jahr 358 v.Chr. machten die Überlebenden von Naxos, die sich um Andromakus, den Vater der geschichtlichen Gestalt Timäus, versammelt hatten, Tauromenion zum Kern ihrer griechischen Stadt. Unter der weisen Führung Agathokles' reorganisierte sich die neue Stadt verwaltungsmäßig, eine neue Verfassung wurde erlassen und es gelang, den wiederholten Versuchen der Punier, die Stadt zu unterwerfen, standzuhalten. Später, nachdem Agathokles sich von der Demokratie abgewandt hatte und König des nahen Syrakus geworden war, nahm er Tauromenion in*

Eine eindrucksvolle Luftaufnahme.

dem Bestreben ein, seine Vorherrschaft auf die ganze Insel auszudehnen. Die Karthager, die seine expansionistischen Versuche nicht dulden wollten, besiegten ihn 310 v.Chr. in Ecnome bei dem heutigen Poggio S. Angelo, nachdem sie de facto bereits fünf Jahre lang die Kontrolle über Tauromenion innegehabt hatten. Später geriet die Stadt in die Hände von Tyndarion, welcher - um den Karthagern widerstehen zu können - Pyrrhus den Weg freimachte. Dann nahm der Syrakuser Hieron II., Verbündeter der Punier im Ersten Krieg gegen Rom, die Stadt ein. Nach dem Tod des Tyrannen von Syrakus schließlich geriet sie unter römische Kontrolle. Jetzt wurde die Stadt umgetauft in Tauromenium *und von Rom aufgrund ihrer strategischen Bedeutung und ihrer Treue mit dem Titel* Civitas foederata *(Bündnispartner) ausgezeichnet; von nun an genoß die Stadt außergewöhnliche Rechte und hatte beachtliche steuerliche Vorteile, - kaum einer anderen Stadt auf dem damaligen Sizilien wurde eine solch bevorzugte Behandlung zuteil. Zur Zeit des Sklavenkriegs fungierte Tauromenium für die aufrührerischen Sklaven als Katalysator, bis der Konsul Rupilius 132 v.Chr. die Revolte niederdrückte. Oktavianus, der die strategisch günstige Lage des Standortes erkannt hatte, gründete hier 34 n.Chr., nachdem er von Sextus Pompejus besiegt worden war, eine Kolonie. Während der dauerhaften römischen Vorherrschaft wurde auf ganz Sizilien und besonders in Taormina eine Großzahl an Arbeiten mit Nutzen für die Öffentlichkeit durchgeführt und gleichzeitig wurde das Straßennetz immer besser ausgebaut. Da der römische Adel Taormina, wie im übrigen Capri und noch einige andere herausragende Standorte aufgrund ihrer geographischen Lage und der Milde des Mittelmeerklimas für ihren Wohnsitz bevorzugte, kam es nun zur Errichtung luxuriöser Villen und prunkvoller Residenzen, von deren Existenz die Fragmente einiger bei archäologischen Ausgrabungen entdeckter Mosaikfußböden noch heute Zeugnis ablegen. Nach dem Fall des Römischen Reiches folgte das Städtchen dem Los der Byzantiner auf Sizilien; gegen Ende des 9.Jahrhunderts gar wurde es als Hauptstadt der byzantinischen Herren auf der Insel angegeben. Bereits in der ersten Hälfte des 9.Jh. begannen sich die Auswirkungen der Einfälle von den Sarazenen bemerkbar zu machen. Taormina, welches schon 902 die neue Bedrohung aus der Nähe kennengelernt hatte, wurde nach einem zermürbenden Belagerungszustand von Ibn Ahmed besetzt und schließlich bis auf die Grundmauern zerstört (962). Unter dem Namen* Almuzia *(so benannt nach dem Kalifen Al Muizz, der sich in die Schönheit des Ortes verliebt hatte) kam das Städtchen zu neuem Glanz. Dann wurde es von normannischen Soldaten unter Ruggero d'Altavilla belagert und bezwungen (1079); in der Tat besiegelte die Ankunft der Normannen auf Sizilien die Vertreibung der Sarazenen von der Insel. Von Messina, welches die Autonomie des Ortes in Diskussion stellen wollte, belagert, wurde Taormina während der Aufstände von 1168 und 1261 zweimal geplündert. Zur Zeit der Vesperkriege (1282) schlug sich Taormina auf die Seite der Aragonier. Während des Bürgerkriegs wurde es zum Gegenstand eines Streits zwischen dem Geschlecht Chiaramonte und der Krone. 1410 tagte im Palazzo*

Panorama Taorminas, vor dem Hintergrund des Ätnas.

Corvaja das sizilianische Parlament; bei dieser Gelegenheit wurde Federico di Luna zum König über Sizilien erhoben. In der darauffolgenden Zeit wurde das Städtchen zum Gegenstand von Tauschgeschäften von Seiten der spanischen Krone, der es sich immer treu ergeben zeigte, auch zu Zeiten des Aufstands von Messina (1675). Von den Truppen Ludwigs des XIV. von Frankreich erobert, erlangte es bald seine Freiheit wieder. Eingenommen von Filipp V. von Spanien, wurde es von Filangieri verteidigt, dem aus diesem Grund der Titel Herzog von Taormina verliehen wurde. Der Ort, der zur Bourbonenzeit Tavormina *hieß, nahm voller Überzeugung am Kampf gegen die Bourbonen, Herrscher über die zwei Sizilien, teil. Am 9.April 1860 gelang es dem Städtchen, sich für kurze Zeit ihrer Kontrolle zu entziehen, und schon bald darauf - im Zuge des historischen Unterfangens von Garibaldi (Mai - Juli 1860), das die Anbindung Siziliens an das in der Entstehung begriffene Italien zur Folge hatte,- befreite es sich entgültig von ihrer Vorherrschaft. Die eigentliche touristische Geschichte Taorminas beginnt im 18.Jh. Künstler, Maler, Fotografen, Schriftsteller, Dichter und Literaten, Gelehrte verschiedenster Disziplinen und "große Reisende" haben zu dem heutigen Erfolg dieses Stückchens Paradies auf Erden beigetragen. Die ersten Bewunderer des klassischen Taormina, der hellenistischen Spuren und des Theaters waren der holländische Gelehrte J. Philipp d'Orville (1727) und der Deutsche Hermann von Riedesel (1767). Im 18.Jh. wurde der Ort von dem deutschen Vedutenmaler J.Philipp Hackert besucht, der hier die "Sicht auf den Ätna von Taormina" schuf (1777). Die Reihe der illustren Reisenden, die sich von Taormina bezaubern ließen, umfaßt den französischen Geologen Dolomieu sowie seine Landsleute Denon, Despres, Houel, außerdem die Engländer Brydone, Hamilton, Knight und Swinburne. Es folgten Goethe, Guy de Maupassant, E.Lear und viele andere. Die eigentliche Entdeckung Taorminas wird dem deutschen Adligen O. von Geleng (1863) zugeschrieben, Schöpfer begeisterter malerischer Darstellungen. Es folgten die Fotos von Bridges, Piot, Sommer, Conrad und Rive, aber vor allem W. von Gloeden, der 1875 nach Taormina gezogen war, um die Schwindsucht zu behandeln, war es, der mit den berühmt gewordenen fotographischen Aufnahmen der* Jünglinge von Taormina *ein klassisches, sinnliches und zugleich dekadentes Bild entworfen hat. Der Ruf Taorminas ist heute auf seinem Höhepunkt; T. Mann, S. Maugham, A. Gide und die Engländerin Florence Trevelyan, die die einzigartigen* Victorian Follies *aufbauen ließ, verweilten bzw. lebten hier. Zu den berühmten Besuchern des 20.Jh. gehören G. d'Annunzio, A. France, Edward VII. und George V. von England, Wilhelm II. von Deutschland und weitere Gäste illustrer Geschlechter (Rothschild, Krupp, Morgan), wie auch der Erzähler R. Peyrefitte. Genauso ist in Taormina auch Platz für den großen Tourismus, es ist bereit, einen jeden von uns mit offenen Armen aufzunehmen und uns für immer zu bezaubern mit seinem feuerroten Sonnenuntergang, unter seinen Palmen und begleitet vom Duft der Zitrusfrüchte, während der Vulkan im Hintergrund daran erinnert, daß dies noch immer das Land der Mythen ist.*

20
1
3
2
5
4
7
8
6
9
10
12
11
1 Porta Catania
2 Palazzo dei Duchi di S. Stefano
3 Chiesa del Carmine
4 Cattedrale di S. Nicolò
5 Fontana di Piazza
6 San Domenico
7 Badia Vecchia
8 Chiesa della Visitazione
9 Torre dell'Orologio
10 Chiesa di S. Giuseppe
11 Chiesa di S. Agostino
12 Piazza IX Aprile
13 Odeon
14 Chiesa di S. Caterina d'Alessandria
15 Palazzo Corvaja
16 Chiesa dei Cappuccini
17 Chiesa di S. Pancrazio
18 Teatro Greco
19 Gartenanlagen von Villa Comunale
Duca Colonna di Cesarò
20 Santuario della Madonna
della Rocca

13
14
15
16
17
18
19

GELATERIA

Ein schöner Blick auf den Corso Umberto auf der Höhe der Piazza IX Aprile.

Die schöne Piazza IX Aprile wird vom Wallfahrtsort der Felsenmadonna beherrscht und ist vom Uhrenturm der Kirche S. Giuseppe geprägt, von der wir den Glockenturm mit seiner Spitze sehen.

PIAZZA IX APRILE

Seiner "strategischen" Lage wegen kann dieser Platz, der sich gerade auf halber Strecke des äußerst zentral gelegenen *Corso Umberto* befindet und so die Kontinuität der Zentralachse von Taormina unterbricht, welche sich von der Porta Catania bis zur Porta Messina erstreckt, als gute Stube des ionischen Städtchens bezeichnet werden. Der Platz, der ähnliche Charakteristiken aufweist wie auch andere erhöht gelegene Freiräume, stellt in der Tat einen einzigartigen suggestiven und unnachahmlichen Aussichtspunkt dar. Von der eisernen Brüstung aus, die den Platz einfaßt, kann man das unverwechselbare Profil des Ätna ausmachen, der bis weit in die schöne Jahreszeit hinein mit Schnee bedeckt ist, oft qualmt und nachts ein fahles Licht vom Feuer in seinem Innern preisgibt,- echter Wachtposten des ionischen Sizilien und natürlicher Leuchtturm für die Seefahrer. Erneut verschmilzt der Vulkan Ätna mit einer Landschaft, die einerseits von der Natur und andererseits von den Menschen geprägt ist, einem Paar, welches - was die Deutung der typischsten Bildnisse dieses Landes betrifft - untrennbar verbunden ist. "Der Ätna von Taormina aus gesehen ist ein riesiger Schlot, eine immens große Säule", notierte der Geograph Anton Friedrich Büsching pünktlich in seinen Aufzeichnungen. Wendet man den Blick zur ionischen Küste hin, entdeckt man die malerische und reizvolle sichelförmige Einbuchtung des Golfs von Giardini-Naxos zwischen dem Kap Taormina und dem Kap Schisò. Zum Abschluß dieser Landschaftsstudie kommen wir zum Kap Taormina, extremem Ausläufer jenes Hügels, auf dem sich das monumentale Griechische Theater erhebt. Der Platz, der von schattenspendenden Pflanzen eingesäumt wird, welche sich zur Blütezeit zu einem wahren Farbenmeer enfalten, ist ständiges Ziel für die Spaziergänge der Touristen und Besucher von Taormina. Elegante Treffpunkte und Cafés im Freien laden zu einer kleinen Pause ein, dann kann man zum Beispiel einen Eiskaffee genießen oder eine besondere Leckerei des Ortes, wie z.B. die sizilianische Eistorte oder ein Meloneneis, naschen. Das Schloß überragt wachsam das bunte Treiben.

Zwei Ansichten der Piazza IX Aprile mit seinen bedeutendsten Baudenkmälern.

Der antike Uhrenturm überragt den Corso Umberto.

TORRE DELL'OROLOGIO

Die *Piazza IX Aprile* ist jedoch nicht nur ein guter Aussichtspunkt, ein netter Salon oder die "kontinentale Version von Alice im Wunderland mit dem verrückten Hutmacher, wo man sich fragt, wer denn nun in der Teekanne landet", wie dem Auszug eines Briefes des bekannten britischen Schriftstellers David Herbert Lawrence an einen Freund zu entnehmen ist. Sie ist umgeben von Bauten mit erheblichem monumentalem und architektonischem Interesse. Der Uhrenturm, der in Richtung auf den Platz schaut, begrenzt dessen unteres Ende und überspannt den *Corso Umberto*. Durch das **Mittelportal** gelangt man in die mittelalterliche Vorstadt; so trennt der Uhrenturm faktisch diesen Teil der Stadt vom klassischen und hellenistischen Taormina ab. Die Struktur aus Stein mit den mächtigen Zinnen trägt in ihrem oberen Teil eine große Uhr, während das eigentliche Tor von einem eleganten Bogen aus quadratischen Steinblöcken eingefaßt ist. Der Turm wurde im Spätmittelalter auf Überresten der Stadtmauern aus der griechischen Epoche errichtet. In der zweiten Hälfte des 17. Jh., nachdem der Turm in seiner ursprünglichen Form teilweise beschädigt worden war, mußten Instandsetzungsarbeiten durchgeführt werden.

SINCE 1880
PIAZZA IX APRILE

CHIESA DI S. GIUSEPPE

Die Kirche San Giuseppe (spätes 17.Jh.), ein weiterer wichtiger Baustein in dem einzigartigen Mosaik der Bauten um die *Piazza IX Aprile*, nimmt den unteren Teil der westlichen Seite ein. Der religiöse Bau ist über eine zweiseitige Freitreppe zu erreichen. Die **Fassade** mit eindeutig barocker Prägung ist in ihrem Mittelteil von zwei pfeilerartigen Mauerstreifen eingefaßt; das Zentralportal ist von zwei Säulen begrenzt und mit einem barocken Giebelfeld versehen; das mittlere - und größte - der drei Fenster beherbergt eine schöne Statue. Die Fassade ist zu den Seiten hin mit einem wellenförmig abfallenden Dach verschönt, welches mit schlanken Türmchen und Statuen bestückt ist. Gleich daneben erhebt sich der elegante **Glockenturm**, dessen Spitze die aragonische Bautechnik ins Gedächtnis ruft. Das **Innere** besteht aus einem einzigen großen Saal mit Triumphbogen und ist mit Stuckarbeiten aus dem 18.Jh. reich verziert. Einige Gemälde aus dem 17.Jh. zeigen *Episoden aus dem Leben Marias*.

Die Barockfassade der Kirche S. Giuseppe.

S. Giuseppe, ein Detail der Freitreppe und ein Blick auf den barocken Innenraum.

BOUTIQUE

Die schlichte Fassade der Kirche S. Agostino
undein Teil des Inneren,das
als Stadtbibliothek dient.

Die Piazza IX Aprile mit der Kirche S. Agostino
und ein Detail der gotischen
Verzierungen an der Fassade.

CHIESA DI S. AGOSTINO

Die Kirche, benannt nach dem Bischof von Hippo Regius, war in vergangenen Zeiten dem Kult von *S. Sebastiano* geweiht. Sie schließt die *Piazza IX Aprile* nach Norden hin ab. Das Gebäude gotischen Ursprungs wurde in der zweiten Hälfte des 15.Jh. errichtet. Die recht bescheidene **Fassade** wird allerdings durch das schöne gotische mit Spitzbogen versehene Portal und durch eine kostbare Rosette verziert; Blickfang des seitlich gelegenen **Glockenturms** ist die mit kleinen gotischen Bögen und mit Fensteröffnungen aus Lavagestein verzierte Glockenstube. Das Innere des heute verweltlichten Gebäudes beherbergt die Stadtbibliothek.

Ein malerisches Bild des Corso Umberto und ein eindrucksvolles Eckchen mit einem Heiligenbild von deutlich byzantinischer Prägung.

Malerische Ansicht des Zentrums, eingebettet in das Grün der Palmen.

Corso Umberto: zwei Teile im Herzen der Stadt.

CORSO UMBERTO

Die Hauptstraße von Taormina trägt den Namen von Umberto I., Sohn des Vittorio Emanuele II. Sie beschreibt einen Halbkreis im Gewebe der antiken Stadt und verbindet die **Porta Catania** im Süden mit der **Porta Messina** im Norden. Sie trägt teilweise deutlich mittelalterliche Züge. Die Straße ist eng, ohne Gehweg und von Gebäuden eingesäumt; viele dieser Gebäude tragen sichtbare Spuren ihres Alters. Zahlreiche Portale sind in gotischem Stil gehalten und sind somit typisch für die Bauweise des 15.Jh. Viele Gassen - oft überragt von Bögen - münden in die Straße ein; von diesen Stellen aus hat man eine malerische Aussicht auf den Berg, auf grüne Hügel zwischen Gärten und Villen, auf ein Labyrinth von mittelalterlichen Gassen und im Hintergrund sichtbar die Reflexe des blauen Meeres. Einige kleine Plätze mit Cafés und eine große Vielfalt von eleganten Schaufenstern machen das Schlendern auf dem Corso Umberto angenehm.

REISEBÜRO
Silvestri
Alitalia
ATI
CHANGE
AUTHORIZED
CAMBIO
EXCHANGE
CHANGE
WECHSEL

Von einem Aussichtspunkt auf dem Monte Tauro aus reicht der Blick grenzenlos über die daruntergelegene Stadt und das tiefblaue ionische Meer.

Vor der einmaligen Fassade der Kathedrale von S. Nicolò steht ein Brunnen mit mythologischen Elementen.

CATTEDRALE S. NICOLÒ

Der Domplatz liegt im südlichen Teil von Taormina, wo die Einflüße von Mittelalter und Renaissance besonders deutlich zu Tage treten. Hier erhebt sich der **Palazzo Municipale** (Rathaus) mit seinen Bauelementen aus dem 17.Jh. Besonders ins Auge sticht die frei stehende Kathedrale *S. Nicolò* mit dem eleganten Brunnen davor. Dieses Gebäude mit basilikalem Stil wirkt auf den ersten Blick eher wie eine Festung als wie eine Kirche. Dieser Eindruck wird dadurch verstärkt, daß der Komplex vollständig mit Hilfe von Natursteinblöcken gebaut ist und ringsum von Zinnen überragt wird. Errichtet wurde die Kathedrale im 13.Jh. auf den Grundmauern einer alten Kultstätte. Zwischenzeitlich zerstört, wurde sie im 15. bis 16.Jh. wiederaufgebaut und im 18. erneut renoviert. Die schlichte **Vorderseite** ist durch eine minuziös gearbeitete Rosette aus dem 16.Jh. und durch zwei Spitzbogenfenster bereichert. Das Portal aus dem 17.Jh. ist am Manierismus inspiriert; es wird durch ein auf ausgekehlte Säulen gestütztes Giebelfeld überragt, wobei sowohl der Stützbalken als auch die Widerlager mit schmückenden Handlungen besetzt sind. In die **Seitenwände** sind Portale eingelassen: das linke stammt aus dem 15.Jh. und weist wertvolle Verzierungen auf - im Stützbalken die Darstellung der *Heiligen Petrus und Paulus mit dem den Segen erteilenden Christus*; das rechte Portal stammt aus dem 16.Jh. Das **Kircheninnere** entspricht dem gewohnten basilikalen Schema; es ist dreischiffig und mit eindrucksvollen Säulen aus Granit versehen, welche einer Überlieferung nach dem Griechischen Theater entnommen sein sollen. Der Wert der Tempelausstattung wird durch einige interessante Kunstwerke gesteigert: verwiesen sei auf einen Flügelaltar von Antonello de Saliba (*Jungfrau mit Kind und die Heiligen Hieronymus und Sebastian; Vesperbild mit den Heiligen Lucia und Agata; Christus mit den Aposteln*), ein Gemälde von A. Giuffrè (*Heimsuchung Mariä und die Heiligen Joseph und Zacharias*, 15.Jh.), eine kostbare in Alabaster gehauene Skulptur aus dem 16.Jh. (*Muttergottes mit Kind*), eine zeitgenössische Statue der *Heiligen Agata* von M. Montanini und eine weitere Darstellung der *Muttergottes mit Kind auf dem Thron sowie die Heiligen Johannes und Jakobus*; *Ewiger Gott und Christus am Kreuz* (Gemälde aus dem 16.Jh. von A. Franco).

Kathedrale S. Nicolò, diese Bilder zeigen das reich verzierte Hauptportal und einige Details seiner minuziösen Verzierungen.

Kathedrale S. Nicolò, einige Ansichten des Innenraums mit dem Taufbecken und dem Flügelaltar von Antonello de Saliba (16.Jh.).

Auf den folgenden Seiten zwei berühmte Gemälde, Kathedrale S. Nicolò: der Flügelaltar von Antonello de Saliba ('Jungfrau mit Kind und den Heiligen Hieronymus und Sebastian'; 'Pietà und die Heiligen Lucia und Agata' - 1504); und ein Gemälde von Antonino Giuffré ('Heimsuchung und die Heiligen Joseph und Zacharias' - 1463).

FONTANA DI PIAZZA

Der Brunnen, welcher den *Domplatz* von Taormina ziert, stellt eine äußerst wertvolle Komponente in der städtischen Ausstattung dar. Er wurde 1635 in klarem Barockstil gebaut. Sein leicht elliptisch geformter Unterbau bildet eine kurze Stufenreihe. An den Endpunkten der Ellipse sind vier weitere kleinere Brunnen aufgestellt; sie bestehen aus einem kurzen zylindrischen Untergestell, welches ein kreisförmiges Becken abstützt. Auf dem Gestell ist ein *Seepferd* placiert, eine augenscheinliche mythologische Allegorie, die auch im Zentralteil des Brunnens fortgeführt ist. Dieser Teil besteht aus zwei übereinanderliegenden Becken, die von Figuren aus der mythologischen Tradition und anderen Phantasiegeschöpfen gestützt und bevölkert sind. Diese Skulpturen sind bemerkenswert präzise gearbeitet. Gekrönt ist der Brunnen durch das, was so etwas wie das Symbol des ionischen Städtchens geworden ist: ein *weiblicher Zentaurus*. Die mythologische Gestalt ist dargestellt mit Krone und einem Globus in der Hand.

Eine Teilansicht des Brunnens auf dem Domplatz vor dem Hintergrund der Fassade der Kathedrale.

Detail des Brunnens auf dem Domplatz: der weibliche Zentaurus, der zum Symbol des Städtchens erkoren wurde.

VINCENZO

Eine eindrucksvolle Nachtaufnahme des Brunnens mit der Kathedrale von S. Nicolò; ein Detail (Seepferd) des reich verzierten Brunnens.

Schöne Luftaufnahme Taorminas mit dem Komplex von San Domenico und im Hintergrund die Küste von Giardini-Naxos.

San Domenico, mit seinen Kreuzgängen, von oben gesehen. Heute ist der Gebäudekomplex ein Luxushotel.

San Domenico, ein Saal und eine Ansicht des Kreuzgangs.

Auf den folgenden Seiten: San Domenico, man kann einige Blicke auf die herrlichen Gärten des Komplexes und die raffinierte Hotelanlage werfen.

SAN DOMENICO

Der Gebäudeblock S. Domenico am südöstlichen Ausläufer der Terrasse von Taormina ist untrennbar mit den geschichtlichen, kulturellen und touristischen Begebenheiten des Städtchens verbunden. Er ist in eine eindrucksvolle, märchenhaft anmutende landschaftliche Szenerie gebettet. Von seinen sehr gepflegten Gärten und seinen Fenstern aus kann man eine Landschaft bewundern, die "alles beinhaltet, was auf Erden dazu geschaffen scheint, das Auge, die Sinne und die Phantasie zu verführen", wie der französische Schriftsteller aus dem 19.Jh. Guy de Maupassant im Zusammenhang mit Taormina so glücklich bemerkte. Die Mauern, die heute das erstklassige Hotel *Grand Hôtel San Domenico Palace* beherbergen, welches zum Teil die Einrichtungsgegenstände des Klosters beibehalten hat, war einst - bis 1866 - ein großer religiöser Komplex. San Domenico wurde in der zweiten Hälfte des 14.Jh. auf Anheißen eines Adligen des Ortes, Bruder Girolamo de Luna, gegründet. Später hinterließ Damiano Rosso degli Altavilla, Fürst von Cerami, der seinerseits dem religiösen Orden beigetreten war, bei seinem Tod dem Kloster all seine Güter. In seinem Testament war festgelegt, daß die Liegenschaften in den Besitz der Familie zurückfallen sollten, falls diese eine andere, nichtreligiöse Verwendung dafür finden würde. Ein Gesetz des Pasquale Stanislao Mancini aus dem Jahr 1866 widerrief das Konkordat mit dem Vatikan; von diesem Moment an galten die religiösen Orden als abgeschafft und ihre Besitzgüter wurden enteignet. Auf diese Weise gelangten sämtliche Gebäude, die zu San Domenico gehörten, in die Hände der Fürsten von Cerami zurück; diese beschlossen alsbald, es in ein namhaftes Hotel umzubauen. Von dem ursprünglichen Gebäudekomplex ist das ehemalige Kloster geblieben, heute noch zu sehen sind der wunderschöne **Kreuzgang** aus dem 16.Jh. und weitere kleinere, aber nicht weniger eindrucksvolle Kreuzgänge. Von der einstigen Kirche, die ursprünglich der *Heiligen Agata* geweiht gewesen und später zu Ehren der *Verkündung Mariä* umgetauft worden war, ist nur der **Glockenturm** aus dem 17. bis 18.Jh. geblieben; der Rest wurde während der Bombenangriffe von 1943 zerstört. Der herrliche Garten auf der Rückseite des Gebäudeblocks überrascht durch die unsägliche Vielzahl an Pflanzen und Blumen; er vereinigt während der Blütezeit auf wundervolle Weise all die Merkmale einer der schönsten Landschaften des Mittelmeers in sich.

Corso Umberto und einige charakteristische Aspekte der Straßen Taorminas sind von großer emotionaler Wirkung. Die Pflanzen, die üppige Vegetation, die seltenen Arten, die für das warme Klima typisch sind, stehen in wunderbarem Einklang mit der mediterranen, 'südlichen' Architektur. Sie sind die Besonderheit, die das Interesse des Touristen weckt und den Reichtum dieser Perle an der ionischen Küste ausmacht.

PALAZZO CORVAJA

Der Palast gehört zu den bekanntesten Gebäuden von Taormina, und dies aus verschiedenen Gründen: dazu gehören ohne Zweifel die Eigentümlichkeit seines Baustils, seine geschichtliche Bedeutung und die Tatsache, daß jeder, der das griechische Theater besichtigen will, hier vorbeipilgern muß. Erste Bauelemente des Palastes stammen aus der arabischen Periode (11.Jh.); damals entstand eine Struktur in Turmform, vielleicht Teil einer Festungsanlage. Im 14. und 15.Jh. kamen weitere Elemente hinzu, so daß der Palast heute eine heterogene Form aufweist: erkennbar sind sowohl der arabische Stamm, als auch normannische, gotische, katalanische und chiaramontische Elemente. Im Jahr 1410 tagte hier das sizilianische Parlament, das Federico di Luna zum König von Sizilien erwählte. Das Gebäude ist mit unterschiedlich geformten Zinnen gekrönt. Elegante zweibogige Fenster in katalanischem Stil zieren den rechten Flügel des Palastes, wo - auf der zum Portal hin gewandten Seite - auch ein sehr schmuckvolles dreibogiges Fenster zu bewundern ist. Sehr ansprechend auch der Innenhof mit dem kleinen Balkon, dessen eingeschnitzte Holztafeln die *Schaffung Evas*, die *Ursünde* und die *Vertreibung aus dem Paradies* darstellen. Eine Inschrift oberhalb der Treppe erinnert daran, daß dies der ideale Zufluchtsort für den Besitzer gewesen war: *Esto. Michii. Locv. Refvgii.* Einige lateinische Inschriften auf der Vorderseite des Gebäudes ehren die Vernunft, die Gerechtigkeit, die Besonnenheit und die Tapferkeit.

Eine schöne Ansicht des Palazzos Corvaja.

Blick auf den Palazzo Corvaja und die Kirche S. Caterina d'Alessandria.

Palazzo Corvaja, das Detail eines zweibogigen Fensters und der Rahmen, der die Fassade verziert, und der eindrucksvolle Innenhof.

CHIESA DI S. CATERINA D'ALESSANDRIA

Unmittelbar neben dem Palazzo Corvaja befindet sich die Kirche Santa Caterina, Kultstätte aus dem 17. bis 18.Jh. Die **Vorderseite** mit dem ausgesprochen niedrigen Glockenturm ist sehr schlicht gehalten: das Portal ist in barockem Stil gearbeitet (18.Jh.), darüber befindet sich - eingebettet in eine Nische - die plastische Darstellung der *Heiligen Caterina von Alessandria* von P. Greco (ebenfalls 18.Jh.) Das Innere der nicht sehr großen Kirche ist hell, und auch hier sind die barocken Züge gut erkennbar. Am Hauptaltar sowie an den seitlichen Altaren sind schöne, gewundene Säulen auszumachen. Zu den Kunstwerken der Kirche gehören eine Marmorstatue der *Heiligen Caterina von Alessandria* (Ende des 15.Jh.), ein *Martyrium der Heiligen Caterina* (Hauptaltar, J.Vignerio, 16.Jh.), ein *Triumph des Kreuzes* (17.Jh.), eine zeitgenössische *Lobpreisung der Jungfrau Maria mit den Heiligen Karmelitern* und ein *Gekreuzigter Jesus* aus Holz (18.Jh.) Herausragendes Element der Kirche ist ihr Fundament: es ruht auf den im Kircheninnern recht gut sichtbaren Spuren eines griechischen Tempels.

Kirche S. Caterina d'Alessandria, eine Ansicht des lichterfüllten, barocken Innenraums; ein Detail des Fundaments, das auf einem hellenistischen Tempel errichtet wurde.

Die Fassade der Kirche S. Caterina d'Alessandria; darunter, Details des Haupt - und des seitenportals.

NAUMACHIE

Diese beachtlichen Spuren aus der Römerzeit werden zu den bedeutendsten auf ganz Sizilien gezählt. Es handelt sich um eine langgezogene Front in exakter Ziegelsteinbauweise aus der Kaiserzeit,- für den Besucherverkehr erst seit 1943 wieder offen. Während der Restaurationsarbeiten konnte auch ein Teil des Originalfußbodens freigelegt werden. Obwohl diese Überreste aus der Römerzeit, die zum oberen Teil des *Corso Umberto* gerade parallel verlaufen, durch die Gegenwart der unterdessen gebauten Häuser ästhetisch etwas an Wert verloren haben, lohnt es sich doch, die beeindruckende Folge der 18 Hauptnischen zu besichtigen. Diese wechseln sich mit kleineren, rechteckigen Nischen ab. Die Frontlänge beträgt insgesamt 122 m, die Höhe der Mauer 5 m. Was die ursprüngliche Bestimmung der Naumachie betrifft, so gehen die Thesen auseinander: es wird vermutet, daß es sich hier um ein Nymphäum (eine den Nymphen geweihte Brunnenanlage) handelt; sicher ist, daß sie nicht der Darstellung von Seeschlachten diente (obwohl der Name das Gegenteil vermuten läßt); viel wahrscheinlicher ist, daß es sich hier um ein *Gymnasium* handelt, eine Art Turnhalle, wo Leibesübungen durchgeführt wurden.

Die langgezogene Front der Naumachien, ein beachtenswertes Zeugnis der römischen Architektur der Stadt.

Ein Detail des Zuschauerraums und ein Blick auf das Odeon.

Auf den folgenden Seiten: Taormina und das Meer von den steilen Kalkfelsen des Monte Tauro aus gesehen.

ODEON

Dieses Kleine Theater - zur Unterscheidung vom bekannteren Griechischen Theater - stammt aus der Kaiserzeit (2.Jh.n.Chr.); es war ursprünglich wahrscheinlich überdacht. Im Verlauf der Jahrhunderte entstanden ringsum neue Bauten und das Odeon wurde verdeckt; im Jahr 1893 konnte es jedoch wieder ans Licht gebracht werden. Der Zuschauerraum aus Ziegelsteinen ist in fünf keilförmig angeordnete Sitzreihen aufgeteilt. Zugang zu den Stufenreihen hatte man von einem verdeckten Gang aus, während der obere Teil der für die Zuschauer vorgesehenen Räumlichkeiten über die Vomitorien erreicht werden konnte, die untereinander mittels eines Ganges verbunden waren, welcher die gesamte Struktur umlief. Die Bühne des Theaters entstand auf einer Fläche, die vorher von einem griechischen Tempel eingenommen worden war; welcher Gottheit er geweiht gewesen war, ist unbekannt. Auch in der Kirche S.Caterina d'Alessandria, die kaum ein paar Schritte vom Odeon entfernt liegt, sind noch Spuren dieses Tempels zu erkennen. Sicher ist, daß er vom altgriechischen Stamm der Dorer gebaut worden war. Der Hauptraum des Tempels war von Kolonnen umgeben. Seitlich der Bühne im Odeon sind heute noch Spuren eines für die Schauspieler reservierten Raumes auszumachen.

Das wunderschöne Griechische Theater ist in den Felsvorsprung eingelassen mit Blick zum Meer hin; zwei schöne Ansichten des Eingangs zum Theater.

TEATRO GRECO

Das Bild des Griechischen Theaters von Taormina, von Menschenhand geschaffenes Meisterwerk zwischen Kunst und Geschichte, zwischen Landschaft und Natur, zwischen Kultur und Mythus, ruft nach über 2000 Jahren noch immer den idealisierenden Geist und die hedonistischen Absichten seiner Entwerfer und Erbauer wach. Die Überreste dieses antiken Bauwerkes, das im übrigen bestens erhalten ist bzw. restauriert wurde und somit - wenn nicht ganz - doch aber in großem Ausmaß seinen ursprünglichen Glanz wiedergefunden hat, erzählen uns von der Größe eines Volkes, von seiner Kultur und seinen Errungenschaften. Sie machen uns deutlich, welch tiefer Respekt für das Schöne, welche Liebe für das Theater, für das Drama, für die Tragödie und die schauspielerische Darstellung empfunden worden war; sie erzählen uns von den Figuren und ihren Autoren, von den Dichtern, aber auch von den Philosophen, von den Denkern und den Bildhauern, die in der Tat den griechischen Mythus weit über die heimatlichen Strände hinausgetragen haben: entlang den Ufern des Mittelmeeres bis in die entferntesten Winkel Großgriechenlands. Es ist wohl angebracht, daran zu erinnern, daß die Skizze dieses Meisterwerkes, welches eingeschlossen ist zwischen dem strahlenden Blau des ionischen Meeres, der antiken Stadt und dem schneebedeckten und rauchenden Koloss Ätna und welches sich von der Meerlandschaft, den lieblichen Hügeln und den Agrumenpflanzungen abhebt, schon vor langer Zeit zur klassischsten Beschreibung des touristischen Sizilien geworden ist. Vor fast 300 Jahren ist das Theater von Taormina - begünstigt durch seine herrliche und einmalige Lage - so etwas wie das Markenzeichen der gesamten Insel geworden. Das Griechische Theater, das im inneren Teil des Vorgebirges liegt, welches sich Richtung Kap Taormina vorstreckt und die Küste zwischen Kap Taormina, Isola Bella, Kap S.Andrea, Mazzarò und Lido Spisone beherrscht, liegt außerhalb des Stadtgebietes von Taormina. Einige aufgefundene Inschriften machen es möglich, diesen Bau der griechischen Periode zuzuordnen, genauer gesagt, der Epoche des Hieron II (3.Jh.v.Chr.). Um dieses riesenhafte Werk durchführen zu können, war es nötig, den Gipfel der natürlichen Einsattelung, an deren Stelle sich das Theater

Griechisches Theater: ein Detail der Bühne; ein Blick vom Zuschauerraum in Richtung Stadt und Monte Tauro.

Auf den folgenden Seiten: der Ätna, mit Schnee bedeckt, bietet den Hintergrund für die antiken Überreste und die herrliche Landschaft; das wiederaufgebaute Griechiche Theater.

befindet, abzutragen; es wurde berechnet, daß wohl nicht weniger als 100 000 Kubikmeter Kalkstein fortgeschafft werden mußten. Was Größe (Durchmesser des Zuschauerraums 109 m; Schnitt des Orchesterraums 35 m) und Monumentalität betrifft, steht das Theater von Taormina auf Sizilien an zweiter Stelle hinter dem von Syrakus; es stellt eines der beachtlichsten und glaubwürdigsten Zeugnisse des Theaterbaus im griechischen und römischen Altertum dar. Vom 2.Jh.n.Chr. an (zur Glanzzeit des Kaisertums), begannen die Römer, radikale Umgestaltungs- und Rekonstruktionsarbeiten an der Anlage vorzunehmen; Absicht war, dieses grandiose Meisterwerk der Vergangenheit an die römische Vision des Amphitheaters und an den Geschmack der Römer, was die Schauspielerei betraf, anzupassen. Das Theater, geschaffen für die Darstellung von Dramen und für musikalische Darbietungen, mußte den Raum freimachen für Gladiatorenspiele (*gladiatores*) sowie für die Darstellung von Seeschlachten (*naumachiae*) und Jagdszenen (*venationes*). Um seiner neuen Funktion als Arena gerecht werden zu können, mußte daher der Orchesterraum vergrößert werden; eine Hochtribüne wurde errichtet, um die Zuschauer vor Gefahren zu schützen, die bestimmte Vorstellungen mit sich brachten; Gräben wurden gezogen, in denen die Kämpfe zwischen den Gladiatoren untereinander bzw. zwischen den Gladiatoren und den wilden Tieren stattfanden. Der geräumige Zuschauerraum, der vollständig in den Kalkstein gehauen war, konnte bis zu 5.400 Zuschauer fassen. Heute noch ist er in neun keilförmige Sektoren zerteilt, zu denen acht kleine Treppen führen. In den zentralen Sektoren sind einige antike Steinblöcke an ihren ursprünglichen Platz geschafft worden: so konnte ein Teil der einstigen Treppe wiederhergestellt werden. Nicht zu vergessen ist der Umstand, daß im Mittelalter dieser Bau als Steinbruch diente: mit dem entnommenen Material wurden Häuser errichtet und Kultstätten wurden verschönt; die Säulen der Kathedrale z.B. sollen von der Bühne des Theaters

stammen. In der Römischen Epoche entstanden aus dem Wunsch heraus, den Zuschauerraum weiter zu vollenden, zwei Bogengänge; der oberhalb liegende Gang war mit Säulen abgestützt; in den Säulenzwischenräumen öffneten sich Nischen, in denen Statuen aufgestellt waren. Auch die zur Stadt hin gewandte Rückseite des Theaters war gepflegt: ornamentale Zierstreifen, Fresken und Skulpturen verschönten ihren Anblick. Eine Säulenhalle hinter der Bühne diente den Zuschauern während der Vorführpausen. Teilweise erhalten sind noch die *parascenia*, d.h. die Räume, in die sich die Schauspieler in den Pausen zurückzogen und in denen die Dekorationen der Theaterstücke aufbewahrt wurden. Von der doppelten Säulenreihe, die wahrscheinlich dereinst auf der Bühne stand, sind nur wenige Elemente übriggeblieben, und selbst sie sind erst im Verlauf von Restaurationsarbeiten im letzten Jahrhundert wiederaufgestellt worden. Die re-

Griechisches Theater, ein Blick auf den großen Zuschauerraum und ein Detail der alten Stufen.

Griechisches Theater, zwei Ansichten der Bühne.

Diese Bilder bezeugen den intakten Eindruck, den die griechisch-römischen Reste vermitteln. Die Bauteile aus Ziegelstein, die Bögen, die Säulen und das, was von den Säulenhallen übrig ist, lebt in engem Zusammenhang mit der üppigen Vegetation. Die Stille des Ortes, die allein vom Flüstern des Windes unterbrochen wird, die intensiven, mediterranen Düfte, das Licht, die Farben und tausend schillernde Reflexe, verleihen diesem Ort eine einzigartige, eindrucksvolle Größe.

Griechisches Theater, einige Details des mächtigen Mauerwerks.

Griechisches Theater, Blick vom Theater auf Taormina und den Ätna.

staurierte Bühnenanlage ist weltweit bekannt für die Perfektion ihrer Akustik, und im Sommer finden hier auch heute noch Theatervorführungen und andere Darbietungen statt. Erwähnenswert sind im übrigen die Spuren eines kleinen, östlich des Zuschauerraums gelegenen **Tempels** und das **Antiquarium**, wo bedeutende Funde, die während wiederholter Ausgrabungsarbeiten ans Tageslicht gekommen sind, aufbewahrt werden. Darunter befindet sich ein römischer Sarkophag mit *Dionysischen Darstellungen*, einige Tafeln mit den Protokollen der städtischen Magistrate vom 2.Jh.v.Chr. bis zur Kaiserzeit, griechische Inschriften und ein griechischer Statuenrumpf ohne Kopf, der *Dionysius* oder *Apollo* darstellt. Vom Theater aus hat man einen einzigartigen, unnachahmlichen Ausblick, der in der Gegenwart des Ätna seine Vollendung findet; "der kürzeste Zugang zur Betrachtung des Garten Eden" schrieb einst der Kardinal J. Henry Newman (1833).

VILLA COMUNALE DUCA COLONNA DI CESARÒ

Die öffentlichen Gartenanlagen von Taormina verlaufen der *Via Bagnoli Croce* entlang, sie gelten als eine der panoramischsten und evokativsten Stellen des kleinen Städtchens. Sie können durchaus als die grüne Lunge Taorminas bezeichnet werden, so groß ist die Anzahl und die Varietät der Baumsorten, der Pflanzen und Sträucher. Die reiche und dichte Vegetation, die Palmen, die Kakteen, die Blumen, die zur Blütezeit zu einem wahren Farbenmeer werden, bieten selbst in der wärmsten Jahreszeit Kühle und Schatten und sind eine ständige Augenweide. Die feine balsamische Luft wird durch die Nähe des Meeres noch intensiviert und ist äußerst heilsam. Hier und da öffnet sich das Grün und gibt den Blick frei auf ein atemberaubendes Panorama. Erwähnt werden sollen hier nur die **Victorian Follies**, einige gegen Ende des 19.Jh. auf Anleitung von Florence Trevelyan erstellte Miniaturgebäude.

Die sogenannten Victorian Follies befinden sich im Grün der Villa Comunale duca Colonna di Cesarò.

Ein schöner Pfad der Villa Comunale.

Von der Villa Comunale aus hat man einen herrlichen Blick über die Stadt mit dem Kastell und der Wallfahrtskirche der Felsenmadonna.

*Blick auf die Victorian Follies,
architektonische Verzierungen der Villa Comunale.*

*Diese Bilder zeigen weitere Ansichten
der Villa Comunale, mit ihrer bewundernswerten
Grünanlage, den Pflanzen, Blumen und
'Spielzeugkonstruktionen'.*

Gotische und normannische Eindrücke an der reizenden Fassade des Palasts der Herzöge von S. Stefano.

Der elegante Palast der Herzöge von S. Stefano liegt an einem eindrucksvollen grünen Innenhof.

PALAZZO DEI DUCHI DI S. STEFANO

Dieser Bau befindet sich in unmittelbarer Nähe der Porta Catania und zählt zu den besterhaltenen Werken im normannischen Baustil, die heute in Taormina zu bewundern sind. In der zweiten Hälfte des 13.Jh. in Angriff genommen, wurde es Anfang des 14.Jh. fertiggestellt. In das Gebäude wurde teilweise bereits existierendes Mauerwerk eingearbeitet, das aller Wahrscheinlichkeit nach aus der Zeit der arabischen Vorherrschaft stammt. Der Palast war einst Sitz der Herzoge von S. Stefano von Spanien und beherbergte auch das Geschlecht der De Spuches, die sich eigenmächtig zu den Fürsten von Galati ernannt hatten. Die beste Gesamtsicht auf dieses kostbare Bauwerk hat man von dem kleinen, reizvollen Garten voller Pflanzen und Palmen aus. Die durch eine Bombardierung während des Zweiten Weltkriegs entstandenen schweren Schäden am Palast wurden erst kürzlich bei Renovierungsarbeiten behoben, so daß er heute wieder in seiner alten Pracht bewundert werden kann. Es ist nicht schwierig, die herausragenden baulichen Merkmale des sizilianischen Mittelalters wiederzuerkennen, die hier im wesentlichen durch eine Vermischung von Stilen (vom Gotischen bis zum Normannischen, vom Katalanischen bis zum Arabischen und zum Chiaramontischen) bestimmt sind. Der Palazzo dei Duchi di S. Stefano ist ganz aus Stein; heute noch sind die großen quadratischen Blöcke in seinem unteren Teil zu sehen. Weiter oben, im ersten Stock, verläuft eine Reihe in ihrer Linearität gleichzeitig eleganter wie einfacher zweibogiger Fenster. Ein leicht vorspringendes Gurtgesims trennt das erste vom zweiten Stockwerk; auch hier ist eine Reihe von Zwillingsfenstern zu beobachten. Diese sind im Vergleich zu den darunterliegenden Fenstern noch kostbarer: eine Fensterrose mit sehr schönem sechszackigem Stern im Innern krönt jedes davon. Aber die wahre Besonderheit an diesem Gebäude, das eher an einen Turm als an einen Palast erinnert, besteht in dem extrem fein gearbeiteten zweifarbigen Rahmen, der dessen Bekrönung bildet: rundum sind Dreipaßbögen angebracht, die den Unterbau für eine wertvolle Ziselierarbeit aus blendend weißem Kalkstein und dunklem Lavastein bilden. Obenauf sitzt eine leider unvollständige Reihe von gibellinischen Zinnen. Der Palazzo S.Stefano ist Sitz der *Stiftung G. Mazzullo*. Die Grafiken und Skulpturen des Künstlers sind sowohl im Garten als auch in den drei Etagen des Palastes ausgestellt.

Ein malerischer Blick auf die Badia Vecchia vor dem Hintergrund des mächtigen Ätna.

Badia Vecchia: die gekonnte Mischung verschiedener Steinarten verfeinert das Profil der 'Badiazza'.

BADIA VECCHIA

Dieser Wartturm aus der Normannenzeit ist auch unter dem Namen *Badiazza* bekannt; diese volkstümliche Bezeichnung für Abtei ist offensichtlich auf eine ursprüngliche religiöse Bestimmung zurückzuführen. Der Bau in seiner heutigen Erscheinungsform ist wahrscheinlich nur ein Überbleibsel eines einst größeren Komplexes. Aufgrund des festungsmäßigen Eindrucks, der Kostbarkeit der Verzierungen und vor allem der überaus glücklichen Lage - die Badia Vecchia liegt auf einer Anhöhe und beherrscht den mittelalterlichen Teil der Ortschaft - ist sie eines der repräsentativsten Kennzeichen Taorminas. Sie wurde im 14.Jh. restauriert, wobei besonders viel Sorgfalt auf die zahlreichen Verzierungen gelegt wurde. Man beachte den wertvollen Rahmen, der das erste vom zweiten Stockwerk trennt; auch hier, wie beim Palazzo dei Duchi di S.Stefano, wurde sehr viel mit verschiedenfarbigen Steinen gearbeitet. Die Außentreppe, die kunstvoll gearbeiteten Zwillingsfenster verschiedener Ausführungen und die Bekrönung des Ganzen mit gibellinischen Zinnen verleihen dem antiken Gebäude weitere Eleganz.

Die Fassade der Kirche von S. Pancrazio mit ihrem Glockenturm; die kleine Piazza, mit dem luftigen, vorgebauten Säulengang, wird von Palmen beschattet.

CHIESA DI S. PANCRAZIO

Diese Kultstätte, deren Vorderseite mit einem luftigen, von schattenspendenden Palmen umgebenen Säulengang versehen ist, blickt auf den *Largo Giove Serapide*, kurz hinter der Porta Messina. Die Bedeutung dieser Kirche liegt in dem Umstand, daß sie in einen antiken Serapistempel hineingebaut ist. Wie in der Kirche S. Caterina d'Alessandria wurden auch hier auf den Resten der antiken griechischen Stadt bauliche Erneuerungen vorgenommen. Die **Fassade** ist durch das Portal geprägt, welches sich über einer kurzen Treppe erhebt. Zu beiden Seiten des Portals mit barockem Charakter befinden sich zwei Statuen, die ihrerseits wiederum von zwei Säulen eingeschlossen sind: dargestellt sind der *Heilige Pankratius* (links) und der *Heilige Prokop* (rechts). Im **Innern** der Kirche sind Gemälde aus dem 18.Jh. aufbewahrt. Das gesamte Gebäude, welches im späten 17.Jh. erbaut worden ist, weist barocke Spuren auf (sichtbar auch in der Spitze des Glockenturms).

NEKROPOLE

Nicht weit außerhalb der Stadt, längs der *Via Luigi Pirandello*, ist ein zwischen Bäumen eingebettetes altes Mauernstück auszumachen, das durch Grabnischen unterbrochen ist. Diese Nischen sind reihenweise angeordnet und liegen symmetrisch übereinander. Es handelt sich dabei nicht, wie man vorschnell schließen könnte, um Spuren aus der Römerzeit; vielmehr liegen hier die Reste eines antiken, byzantinischen Friedhofgeländes vor uns, welches in der arabischen Epoche wahrscheinlich noch in Benutzung war.

CHIESA DEI SS. PIETRO E PAOLO

Diese Kultstätte liegt außerhalb der Stadtmauern, nicht weit entfernt von der Nekropolis, und ebenfalls an der *Via Luigi Pirandello*, die Taormina mit der Küstenstraße (Staatsstraße Nr. 144) verbindet. Die kleine Altarnische aus Stein zeugt vom alten Ursprung der ersten - wahrscheinlich während der Zeit der Byzantiner auf den Spuren eines griechischen Tempels entstandenen - Kirche. Ausgrabungen der Archäologen haben das Alter dieses Ortes bestätigt. Die heutige Kirche wurde im 15.Jh. gebaut; die **Fassade** allerdings stammt aus dem 18.Jh., während das dreischiffige **Kircheninnere** eher gotische Elemente aufweist.

Ein Detail der Nekropole mit den übereinanderliegenden Lokuli; eine Ansicht der Kirche SS. Pietro e Paolo.

SANTUARIO DELLA MADONNA DELLA ROCCA

Dieser äußerst schön gelegene Wallfahrtsort, dessen weißes Kreuz schon von weitem - auch von Taormina aus - sichtbar ist, wurde auf einem Felsvorsprung am Abhang südöstlich des Monte Tauro errichtet. Der Komplex ist teilweise in den Felsen gehauen. Erreichbar ist die Stelle über eine Abzweigung der *Autostraße Castelmola*. Am 20. September, wenn sich das Fest zu Ehren der Jungfrau Maria jährt - denn ihr ist der Ort geweiht -, strömen die Pilger in Scharen hierher. Von der Terrasse auf der Vorderseite des Baus aus hat man einen unvergleichlich schönen Blick auf Taormina, auf das ionische Meer und die überwältigende Kulisse des Ätna.

Die Wallfahrtsstätte der Felsenmadonna beherrscht San Domenico und die Küste von Giardini-Naxos.

Panoramaansicht vom Monte Tauro aus mit der Wallfahrtsstätte der Felsenmadonna, Teile der Stadt und die ionische Küste.

Die kargen und steilen Kalkwände des Monte Tauro, von der Stadt aus gesehen mit dem marianischen Wallfahrtsort, Ziel von ergebenen Pilgern; ein nährer Blick auf die Wallfahrtsstätte der Felsenmadonna.

Castelmola, zwei Ansichten des malerischen Dorfes, auf einem Felsen mit herrlicher Aussicht gelegen.

CASTELMOLA

Obwohl diese alte Ansiedlung auf einer Höhe von kaum 529 m ü.M. liegt, macht sie den Eindruck eines Adlerhorstes. Aufgrund ihrer Position auf dem Gipfel einer nur schwer erreichbaren Anhöhe ist sie von je her der Schutzwall Taorminas gegen Einfälle aus dem Innern der Insel gewesen. Eine sikulische Totenstadt im Gebiet des Ortes Cocolonazzo unterstreicht das Alter der Ansiedlung, die manche Forscher für das alte *Mylae* halten. Castelmola wurde von Dionysius in der ersten Hälfte des 4.Jh. v.Chr. zerstört, schon bald aber wieder aufgebaut. 902, zur Zeit der arabischen Vorherrschaft, kam es zu einer neuerlichen Zerstörung. Die *Piazza S. Antonio* ist unvergleichlicher Aussichtspunkt auf das Kastell von Taormina, auf Taormina selbst und auf die ionische Küste mit dem Profil des Ätna. Von hier aus erreicht man nach kurzem Anstieg das **Kastell von Castelmola**, oder besser gesagt das, was von jener Befestigungsanlage aus dem 16.Jh. übriggeblieben ist. Das Dorf Castelmola selbst ist durch enge Sträßchen mit typischen Handwerksgeschäften und Souvenirläden charakterisiert; sehenswert sind die Kirche **S. Giorgio** aus dem 17.Jh., die **Parrocchiale** (Pfarrkirche) aus dem 16.Jh. und das **Caffè S.Giorgio**, das zu einem obbligatorischen Anlaufpunkt für alle berühmten Besucher und die Liebhaber dieses faszinierenden Zipfels des ionischen Sizilien geworden ist.

CASTELLO MEDIEVALE

Die gewaltigen Reste einer mittelalterlichen Befestigungsanlage heben sich deutlich und von Taormina aus gut sichtbar von der Spitze des Monte Tauro ab (Höhe 397 m). Das *Kastell Taormina* befindet sich an der Stelle, wo aller Wahrscheinlichkeit nach einst die Akropolis der Griechenstadt Tauromenion lag. Für alle, die Taormina richtig kennenlernen und den Zauber dieser herrlichen Landschaft voll auskosten wollen, stellt das Kastell eine obbligatorische Etappe dar. Die interessante Ruine kann über eine Treppe vom Wallfahrtsort Madonna della Rocca aus leicht erreicht werden. Schön ist der Aufstieg über den Maultierpfad, der unweit vom *Largo Giove Serapide* von der *Via Circonvallazione* abzweigt. Von der Befestigungsanlage noch gut sichtbar sind der eindrucksvolle Hauptturm, die Ringmauer mit Turm, eine Zisterne sowie ein unterirdischer Gang. Die antiken Reste beherrschen die steil abfallenden, mit Feigenkakteen bewachsenen Wände des Monte Tauro, die sich der wunderschönen Mittelmeerlandschaft geradezu entgegenzustrecken scheinen.

Ein schöner gotischer Bogen ist in den Mauerring eingelassen; die Mauern des mittelalterlichen Kastells auf dem Monte Tauro.

Eine Teilansicht der Stadt in Richtung Kap Taormina.

Ansicht des Kaps Taormina, das in die tiefblauen Wasser des ionischen Meers hinausragt.

KAP TAORMINA

Wie durch einen gemeinsamen roten Faden scheint die Umgebung an der Küste Taorminas verbunden, so als wäre sie von der gleichen Hand geschaffen. Die zauberhafte Schönheit einer der malerischsten Landschaften der ionischen Küste Siziliens läßt sich nur schwer in Worte fassen. Das Kap Taormina ist der weiteste peloritanische Ausläufer, der sich über die Montagna Grande (1374 m), den Monte Veneretta (884 m) und den Monte Tauro (397 m) bis zum Meer hin erstreckt. Im Norden begrenzt das Kap den herrlichen Golf, der von hier bis zum Kap Schisò reicht, mit dem eleganten Badeort Giardini-Naxos, der für seine archäologischen Ausgrabungen bekannt ist. Nördlich des Kaps Taormina, zwischen ihm und dem Kap S. Andrea, öffnet sich die idyllische *Baia delle Sirene*. Nie war ein Name so angebracht wie dieser, um die verführerische Schönheit dieser malerischen Bucht zu beschreiben: das Blau des ionischen Meeres, das Grün des mediterranen Mischwalds, der die steilen Kalkwände über dem Meer bedeckt, die beeindruckenden Felsansammlungen, bestehend aus der Isola Bella, den umliegenden Felsen und den Klippen, die, gleich homerischen Riesen, vor Kap Taormina emporragen. Hier hat die Natur die absolute Macht über alles: unerbärmlich bescheint die gleißende Sonne die Felsen, die steinigen Schluchten, den Kies der kleinen Buchten und das mal friedliche, mal aufgewühlte ionische Meer. In dieser magischen Umgebung meint man den Gesang der Sirenen zu hören, die mythischen Wesen, die damals die Seefahrer bezauberten und die uns heute dazu verleiten, den Zwängen des täglichen Lebens zu entfliehen. Das fischreiche Wasser der Bucht findet großen Anklang bei Tauchern, Segler und Surfer lassen sich allzu gern von der Meeresbrise treiben. Weniger Aktive können sich der sizilianischen Sonne in den abgelegenen Einschnitten der Steilküste hingeben oder auf den ruhigen Stränden der Bucht. Moderne und funktionelle Hotelanlagen auf Kap Taormina, mit Schwimmbädern und sonstigen Annehmlichkeiten, ermöglichen dem Touristen oder Kongressteilnehmer die gewünschte Ruhe.

Baia delle Sirene, ein eindrucksvolles Bild der romantischen Bucht mit der Isola Bella; ein Detail der Isola Bella, im Hintergrund die Klippen von Kap Taormina.

Baia delle Sirene, Luftbild der Isola Bella; ein Detail des Badestrandes.

ISOLA BELLA

Die Isola Bella, in Wirklichkeit nicht mehr als ein gewöhnlicher Felsen mit großen Ausmaßen, erhebt sich in der Mitte der wunderschönen Baia delle Sirene und zwar genau gegenüber der beiden sichelförmigen Einbuchtungen. Die Insel wird von dem charakteristischen mediterranen Mischwald bedeckt, aufgelockert durch Zypressen und Palmen. An ihrem höchsten Punkt steht ein Haus, vielleicht eine Traumvilla berühmter Leute, oder vielleicht auch nur der Überrest einer Behausung, wie es viele gibt, vielleicht gar nicht mehr bewohnt. Die Insel ist rundum mit Felsen bestückt, die den Badenden als Startpunkt dienen und den zahlreichen Fischschwärmen, die sich in diesem kristallklaren Wasser tummeln, Schutz bieten. An diesem Teil der jonischen Küste verliert sich der Blick ins Unendliche, entlang der eindrucksvollen Ufer und jenseits der Meerenge, zur kalabrischen Küste hin, wo der bedrohliche Gebirgszug des Aspromonte das Szenarium beherrscht.

KAP S. ANDREA

Kap S. Andrea, am oberen Ende der Baia delle Sirene gelegen, ist ein äußerst prägender Bestandteil der malerischen Landschaft der Küste von Taormina. Sein Küstenstreifen ist gezackt und reich an Schluchten und natürlichen Ausbuchtungen. Sie sind ein wahres Paradies für die Anhänger der Unterwasserfischerei, aber auch für Naturfreunde, die sich die reizvollen Bootsfahrten nicht entgehen lassen. An seiner Basis verengt sich das Vorgebirge und schafft so traumhafte Felseinschnitte und Landschaftsformen, die in ihrer Art ausgesprochen mediterran sind.

BLAUE GROTTE

Die größte einer Reihe von natürlichen Höhlen, die sich an der Küste des Kap S. Andrea befinden, will der gleichnamigen Grotte von Capri sicher nichts nehmen. Diese Höhle hier ist übrigens nicht die einzige Italiens, die den Namen der berühmtesten Grotte der Welt trägt. Bootsausflüge von der Baia delle Sirene und von Mazzarò aus, geben die Gelegenheit, die märchenhafte Welt der Grotte zu erkunden, wo sich das Licht auf dem Wasser spiegelt und eindrucksvolle Bilder in leuchtenden Farben erzeugt.

Baia delle Sirene: Panorama in Richtung Isola Bella und Kap S. Andrea; ein eindrucksvolles Bild von Kap Taormina und seinen Klippen.

Kap Taormina, ein Blick auf die Klippen, die aus den klaren, blauen Wassern des ionischen Meeres herausragen; Kap S. Andrea, der Eingang zur wunderschönen Blauen Grotte, dem Ziel vieler Touristen.

Lido di Mazzarò: diese Bilder zeigen einige der farbenprächtigen Seiten des hübschen Badeorts; Panorama über das Ufer und die Hotelanlagen.

Auf der folgenden seite: Lido di Mazzarò, diese beiden Bilder bezeugen den ausgewogenen Charakter dieses ruhigen Badeorts.

LIDO DI MAZZARÒ

Lido di Mazzarò, ein bekannter, klimatisch begünstigter Badeort, entwickelte sich aus einem alten Fischerdorf. Er liegt an einer lieblichen, halbrunden Bucht und wird in das schillernde Blau der sich spiegelnden Wasser des jonischen Meers getaucht, mal heller und mal dunkler, je nach der Tiefe des Wassers oder des Winkels der Sonneneinstrahlung. Verwaltungstechnisch gesehen ist Mazzarò ein Küstenvorort der Stadt Taormina. Die mediterrane Atmosphäre, der Zauber des ionischen Meeres und die Düfte Siziliens sind allgegenwärtig. Es besteht eine enge Bindung des attraktiven und schicken Lidos mit dem Pendant von Taormina, das sicher würdevoller und in gewisser Hinsicht distanziert ist - dank seiner archäologischen Schätze und seiner kulturellen Sehenswürdigkeiten. Doch ist es sicher, so wie die Ortschaften der Umgebung, Teil eines faszinierenden und beeindruckenden Zaubers, was die Bewunderung zahlreicher italienischer und ausländischer Besucher beweist. Davon abgesehen besteht auch eine physische Verbindung zwischen Taormina und einem seiner bekanntesten Strände. Die Touristen haben die Qual der Wahl, was den Weg von Taormina zum Meer betrifft. Man kann mit dem Auto die Via Pirandello nehmen und dann in die Landstraße SS 144 einbiegen oder man kann die schnelle Seilbahn nehmen, mit herrlichem Blick, die in der bereits erwähnten *Via Pirandello* ihren Ausgangspunkt hat und einen in kürzester Zeit ins Zentrum des Badeortes bringt. Spaziergänger sowie erfahrene Wanderer kommen hier voll auf ihre Kosten, wenn sie sich in das idyllische Szenarium von Taormina hinauswagen, mit seinen mediterranen Reizen, geprägt vom Licht des klaren und strahlend blauen Himmels, vom Duft des Jasmins und der Orangenblüten und vom kräftigenden salzhaltigen Jod aus dem Meer.

Hier empfehlen wir den Fußweg, der über einen langen Treppenweg hinabführt und am Aussichtspunkt beginnt, der in einer Biegung der Via Pirandello liegt. Der Lido von Mazzarò ist wie ein immergrüner Garten, eingebettet in die Farbtöne der unzähligen Gärten und reizvollen Parks, mit ihrem üppigen, mediterranen Buschwald, den Agaven, Palmen, Zypressen, Olivenbäumen und schließlich den unvermeidlichen Feigenkakteen und anderen Kakteen. Besonders Letztere lassen auf ein hervorragendes Klima schließen, das in jeder Jahreszeit für den Menschen wohltuend ist. Dies ist die Voraussetzung und auch die grundlegende Basis für einen Ferienaufenthalt in Mazzarò, auf den Spuren der Vergangenheit mit den Annehmlichkeiten der Gegenwart. Das Bild des Ortes mit ständig zunehmendem Tourismus, wird vervollkommnet durch eine gute Anzahl von Hotels jeder Kategorie, die im Grünen liegen und komfortabel ausgestattet sind, sowie durch den gepflegten und organisierten Strand, Lokale und Vergnügungsmöglichkeiten

ANGELO
EVA

ROSSELLA

Auf der vorhengehenden seite: Giardini-Naxos, ein eindrucksvolles Bild des Ätnas mit Schnee ist der ideale Hintergrund für die ionische Küste.

Giardini, ein schönes Bild der beliebten Bucht.

Giardini: Castelmola, Taormina und der Monte Tauro bilden den Hintergrund für den Badestrand; Naxos: das Bourbonische Fort, Sitz des archäologischen Museums.

GIARDINI - NAXOS

Mit Giardini-Naxos bezeichnet man den dicht besiedelten Küstenstreifen in der Mitte der gleichnamigen, Bucht. In der Tat handelt es sich dabei um ein Beispiel einer zweipoligen Siedlung: die erste Ortschaft befand sich am Kap Schisò (Naxos), während sich weiter nördlich, zur Zeit der industriellen Entwicklung und während des stark zunehmenden Tourismus, bedingt durch die Beliebtheit des nahen Taormina, die jüngere Ortschaft Giardini ausdehnte. Zur Zeit der Prähistorie hatte ein heftiger Ausbruch des Vulkans Moio Alcàntara (der jetzige Monte Moio, 703 m. der äußerste der Kegel des Vulkankomplexes des Ätnas) das Magma über den natürlichen Führungsgraben des Alcàntara bis zum Meer geleitet und so das Kap Schisò geformt. Andere Quelllen weisen auf stärkere Zusammenhänge dieses Vorgebirges aus antikem Lavagestein mit dem Ätna hin. Im Jahr 734 v.Chr. gründeten die Chalkidier, angezogen von der Schönheit des Ortes und der Fruchtbarkeit des Vulkanbodens die Kolonie *Naxos*, mit dem Altar des Apoll Archegetes, den die hellenischen Kolonialherren verehrten. 403 v.Chr. wurde sie von Dionysius I. aus Syrakus zerstört. Die Überlebenden zogen sich auf den Monte Tauro zurück und gründeten so *Tauromenion*. Ein weiteres historisches Ereignis, in Zusammenhang mit dem italienischen Risorgimento, wird durch ein **Denkmal** in Giardini belegt. Am 18. August 1860 stach Giuseppe Garibaldi mit seinem sagenumwobenen Expeditionskorps mit zwei Dampfern Richtung Kalabrien in See. Von der antiken Siedlung von Naxos sind noch gute Teile der **Stadtmauer** aus dem 6.Jh.v.Chr. erhaltengeblieben, sowie einige **Tore** und ein **Turm** und ein Platz, an dem sicherlich ein großes **Heiligtum** stand. Auf diesem großen Gebiet fand man einen **Tempel**, der wahrscheinlich *Aphrodite* geweiht war (7.-5.Jh.v.Chr.). Ebenfalls auf diesem Terrain kamen ein **Altar** und zwei **Brennstellen** ans Licht, die wahrscheinlich mit dem Heiligtum in Zusammenhang standen. Ein weiterer Teil des Ausgrabungsgebiets besteht aus den Überresten der Stadt, die nach der Zerstörung von 403 v.Chr. wiederaufgebaut wurde. Hier fand man Reste von Kultstätten und Geschäften der Töpfer und Bildhauer. Die zahlreichen Funde des Gebiets (Keramiken, irdene Gefäße, Skulpturen, Gegenstände aus Terrakotta und Architekturfragmente) wurden im **archäologischen Museum** von Naxos untergebracht, das sich im ehemaligen bourbonischen Fort auf Kap Schisò befindet. Das malerische Giardino mit seinem Fischerhafen und den Anlegestellen für die Privatboote, ist ein Badeort. Der lange Sandstrand, der sanft zum Meer hinabführt, das sauber und sicher ist sowie das reichhaltige Angebot der modernen Infrastruktur, machen aus dem Ort eine Perle des Tourismus an diesem wunderschönen Teil der ionischen Küste.

Giardini, diese Bilder zeigen einige Seiten der Fischerei dieser Küste.

Der sizilianische Karren, von dem wir ein Detail auf dem Foto nebenan sehen, - mit seinem bunten Pferdegeschirr - ist ein symbolisches Element, unersetzlich und gleichzeitig durch seine reichen Verzierungen, Malereien und Ornamente ein Teil der Geschichte der Insel - eine reine und ursprüngliche Form der Volkskultur.

Kap S. Alessio: eindrucksvolle Bilder des befestigten Vorgebirges, steil über dem ionischen Meer.

KAP S. ALESSIO

Wer die Küstenstraße (S.S. Nr.144) in Richtung Messina entlangfährt, hat einen Blick auf die vollkommene Schönheit des Kap S. Alessio, hauptsächlich bedingt durch die weißlichen Felsen, die steil ins Meer abfallen. Gerade diese Schönheit, dieser geheime Zauber inspirierte die Griechen zu der zutreffenden Bezeichnung 'Silbernes Kap' (*Argennon Akron*). Charakteristisch für dieses Vorgebirge, das als Kliff sattelartig in die tiefblauen Wasser des ionischen Meers absinkt, ist seine äußerst eindrucksvolle Lage. Hier brechen sich die Sturzwellen an den Felsen und Felswänden, als natürliche Begleitung dazu hört man das Schreien der Möwen. An solch einem bereits natürlich befestigten Ort, wurde schon im frühen 14.Jh. ein **Kastell** errichtet, das auch heute noch mit seinem vieleckigen Grundriß und den gewaltigen behauenen Wänden zu sehen ist. Ein Mauersystem verläuft entlang des Sattels des Kaps und verbindet die alte Burg mit einem **kleinen Fort**. Dies besteht aus zwei übereinander angeordneten, zylindrischen Baukörpern und wurde im 19. Jh. von den Engländern vollständig restauriert.

FORZA D'AGRÒ

Dieser malerische Bergort, der noch die Merkmale der mittelalterlichen Siedlung bewahrt, befindet sich in einer herrlichen Aussichtslage in 420 m Höhe. Man erreicht ihn, indem man bei Kap S. Alessio von der Küstenstraße abbiegt, eine kurvenreiche Straße entlang, mit herrlichem Ausblick über das Meer, die Meeresenge und die kalabrische Küste mit dem Aspromonte. Aus Schriften des frühen 12. Jh. ist zu entnehmen, daß das Gehöft *Vicum Agrillae* dem Kloster der heiligen Petrus und Paulus von Agrò geschenkt wurde. Hundert Jahre später befestigten neue Feudalherren das Anwesen und brachten so den Wiederaufbau und später die baulichen Erweiterungen in Gang, was sich in der Beifügung des ermunternden "Forza" (Kraft) zum Ortsnamen manifestierte. Eine der Sehenswürdigkeiten von Forza d'Agrò ist ein **Bogen** aus dem späten 15.Jh., mit gotisch-katalanischen Details, auch 'durazzesco' (der Dauernde) genannt. Er befindet sich bei der Treppe, die zur **Chiesa della Triade** führt. Erwähnenswert sind die **Chiesa Madre della SS. Annunziata** (16.Jh. mit barocken Erweiterungen) und das **Kastell**, das einzigartigerweise als Friedhof dient.

Forza d'Agrò: die Treppe zur Kirche der Triade mit dem gotisch-katalanischen Bogen; die Barockfassade der Mutterkirche.

Forza d'Agrò: ein Detail des Bogens, der zur Kirche der Triade führt.

Die Schluchten des Alcàntara, eine Gesamtansicht und ein eindrucksvolles Bild des Kristallklaren wassers.

DIE SCHLUCHTEN DES ALCÀNTARA

Die Schlucht des Alcàntara, eine Pflicht für jeden Touristen, erreicht man von Taormina, Giardini-Naxos aus, über die Landstraße 185 in Richtung Francavilla di Sicilia, nach 13 Km.
Dieses Naturschauspiel aus Basaltfelsen geht auf den Ausbruch des Vulkans *Monte Moio* zurück (2.400 v.Chr.), dem am weitesten vom Ätna entlegenen Kegel. Der Lavastrom füllte das gesamte Tal des Alcàntara, bis zur Mündung des Flusses, wo die Griechen 735 v.Chr. ihre erste sizilianische Kolonie gründeten.
Auf der Höhe von "Sciara Larderia" erreichte der Lavastrom eine Höhe von 70 Metern. Noch glühend und in folge von natürlichen Erdsenkungen, spaltete sich die Masse der Länge nach, gewunden, über eine Länge von 500 Metern, 70 Meter tief und 5 Meter breit - so bildete sich eine Schlucht. Erst später flossen die Wasser des Einzugsgebiets des Alcàntara in den Spalt, weshalb der Name "Gola dell' Alcàntara" entstand. Der kontinuierliche Fluß des Wassers hat die Basaltwände der Schluchten abgeschliffen und ihnen jenes Schillern verliehen, das man heute bei Lichteinstrahlung bewundern kann. Zu den Schluchten gelangt man über einen Pfad mit herrlicher Aussicht, oder mit einem modernen Lift. Um sich beim Eintritt in die Schluchten vor dem eiskalten Wasser und den spitzen Steinen zu schützen, empfehlen sich Gummistiefel, die man auch vor Ort leihen kann. Wenn man den Ort nicht gut kennt oder informiert ist, bedeutet der Besuch des Innern der Schlucht eine gewisse Gefahr. Es gibt einen großen Parkplatz, eine Bar, ein Restaurant und eine agritouristische Einrichtung in der man übernachten und essen kann. Die schmackhaften Speisen werden nach traditionellen Rezepten zubereitet und einige Produkte können auch erworben werden.

ÄTNA

Das Vulkanmassiv des Ätnas entstand aus der Tiefe einer weiten Meeresbucht, die im Quartär die jetzige Ebene von Catania überspülte. Der Bereich des Ätnas wird im Norden von der Senkung des Alcàntara begrenzt und im Westen und Süden durch den Simeto. Die faszinierende Landschaft des Ätnas zeichnet sich durch seine Vielfalt aus. In ihrem Umfeld überlagerten sich die Ergebnisse des menschlichen Schaffens, im Bereich des landwirtschaftlichen Anbaus wie auch den Ansiedlungen, deren Existenz fortwährend durch den unerbittlichen Vulkan in Frage gestellt wurde. Die Vielfalt der Landschaft ist durch das Eingreifen des Menschen bedingt, aber sicher noch stärker durch den Vulkan, aber vor allem durch die Höhenlage. Das Gebiet bis 500 Metern Höhe des Bergfußes des Ätnas zeichnet sich hauptsächlich aus durch Wasserquellen, die relativ dichte Besiedlung und die landwirtschaftliche Nutzung (Agrumenpflanzungen). Weiter nach oben hin nehmen die Ortschaften ab und lassen Platz für den Weinanbau und den mediterranen Buschwald, der bis auf 1.300 Meter hinaufgeht. Dies ist auch die Höhe für die Wälder, die sich aus verschiedenen Arten zusammensetzen (Kastanien, Birken, Buchen, Lärchen, Steineichen, Pinien, Eichen). Auf der Höhe von 1.000 bis 2.000 Metern findet man viele Nebenkegel, zirka 200 Gruppen verstreut über den Abhang und die Basis des Hauptvulkans. In diesem Gebiet wird der Vulkan am häufigsten tätig. Auf 2.000 Metern Höhe löst die Vegetation, bestehend aus Sträuchern, Kryptogamen und vereinzelten Weiden, den Baumbestand ab. Um 2.900 Meter nimmt die Vulkantätigkeit ab. Hier findet man eine weite, kahle und rauhe Hochebene; in der Mitte eines alten Kraterrands befindet sich der Hauptkrater. In Richtung ionisches Meer öffnet sich der grausame Abgrund des valle del Bove, einer der natürlichen Abläufe, den das Magma, das aus den Mündungen austritt, bevorzugt. Die *Himmelssäule*, wie Pindaro definierte, wurde von den Griechen *Aitnè* genannt (wahrscheinlich ein Verb, das "brennen", "glühen" bedeutet). Die Römer sagten *Aetna* und *Gebel* die Araber (oder auch "La Montagna" (der Berg), ein Begriff, der im Volksmund heute noch üblich ist. Der Vulkan mit der größten Tätigkeit in Europa, ist in gehobener Sprache auch als *Mongibello* bekannt. Wie bei allen noch aktiven Vulkanen unterliegt seine Höhe ständigen Variationen. Im Moment liegt sie bei 3.350 Metern, hat eine Oberfläche von 1.570 Quadratmetern und einen Umfang von fast 200 Quadratkilometern. Das ganze Gebiet des Ätnas wurde aufgrund seiner naturalistischen Bedeutung und seiner einzigartigen Landschaft, zum Naturschutzgebiet erklärt, mittels einer speziellen Verordnung der Region Sizilien. Dieses Gebiet ist von großem Interesse und beinahe schon eine Pflicht für die Besucher der Insel und diejenigen, die dieses Naturschauspiel, das sich fast ununterbrochen, mit Höhepunk-

Sonnenuntergang am Ätna.

Ein spektakuläres Bild des Ätnas bei einem Ausbruch.

ten von seltener und erschütternder Intesität ereignet, selbst erleben wollen. der höchste Teil des Vulkans wird auch touristisch genutzt, nämlich für den Wintersport, für den die entsprechenden Anlagen geschaffen wurden. Dieses beeindruckende Vulkanmassiv, das mit seiner massigen Präsenz den nord-östlichen Teil der Insel charakterisiert, war schon immer ein bevorzugter Ort für Mythen und Legenden. Die zahlreichen Ausbrüche im Laufe der Jahrhunderte, haben das Gesicht des Ätnas mehrfach verändert: es bildeten sich neue Vulkanschlote, mehrere Nebenkegel und die örtliche Gebirgsstruktur veränderte sich sehr in ihrer Form. 135 bedeutende Vulkanausbrüche wurden in der Geschichte festgehalten. Zu den größten gehören die von 475 v.Chr., 396 v.Chr., von 1329 und 1381. Bei den drei letzten gelangte das Magma bis ans Meer. Einer der verheerendsten Ausbrüche war der von 1699, bei dem Catania teilweise unter der Lava begraben wurde, die fast noch einen Kilometer weiterfloß. Weitere Ausbrüche verzeichnete man in den Jahren 1809, 1811, 1819, 1843, 1852, 1865, 1879, 1883, 1886, 1892, 1899. Im 20. Jh. verzeichnen wir spektakuläre und sehr lange Ausbrüche, wir erinnern an die von 1908, 1910, 1911, 1917, 1923, 1928, bei denen es große Schäden und Zerstörungen gab (Mascali). Weitere Ausbrüche erfolgten in den Jahren 1942, 1947, 1949; zwischen 1950 und 1951 gab es einen der längsten Vulkanausbrüche überhaupt. Bedeutende Ausbrüche gab es in den Jahren 1957-1958, 1971, 1974, 1979, 1983. Bei Letzterem wurde zum ersten Mal ein Verfahren ausprobiert, bei dem der Lavastrom durch Explosionen umgeleitet wird, um einige Ortschaften am Fuß des Vulkans zu sichern, die durch den ungeheuren Strom der Magmamassen bedroht waren. Dasselbe Verfahren wurde beim verheerenden und lange andauernden Ausbruch 1991 erneut und mit noch besseren Ergebnissen angewand. Einer der klassischen Besichtigungswege zweigt von Catania nach **Nicolosi** ab, bis zum Wärterhaus des Ätnas, von dem aus man zur einmaligen Besichtigung des Kraters aufbricht. Dies erfolgt mit der Hilfe von erfahrenen Führern und unter Berücksichtigung einiger elementarer Vorsichtsmaßnahmen, angesichts der Gefahr, die der Hauptkrater darstellt, bedingt durch den unvorhergesehenen Auswurf von brennenden Teilchen. Eine erwähnenswerte Tour war die, bei der die Hütte Sapienza (1919 m, beim Ausbruch von 1992 zerstört) als Stützpunkt diente. Sie ermöglichte die Umgehung des gesamten Vulkans, wobei man an interessanten Ortschaften vorbeikam und eine der schönsten und charakteristischsten Landschaften Siziliens bewundern konnte. Dieselbe Route kann man im Bus machen, oder mit der Eisenbahn "Circumetnea".

DIE GEOLOGIE DES VULKANS

Der Ätna ist einer der bedeutendsten tätigen Vulkane der Welt und mit einer Höhe von 3.350 Metern über dem Meeresspiegel und einem mittleren Durchmesser der Basis von 40 Km, der größte Europas. Das Vulkangebilde, das hauptsächlich aus übereinanderliegenden Lavaströmen besteht, erhebt sich auf einer Felsbasis, sedimtärer Art. Erste eindeutige Hinweise auf die vulkanische Tätigkeit des Ätnas stammen von Berichten einiger Schriftsteller, die in vorchristlicher Zeit lebten. Diodorus Siculus berichtet vom Auszug der Sicaner, die das Gebiet um den Vulkan herum wegen eines Ausbruchs verlassen mußten. Diese Begebenheit geht auf die Zeit vor dem trojanischen Krieg zurück. Tucidides berichtet, daß im 5. Jh.v.Chr. die Umgebung von Catania unter einem Lavastrom begraben war. Tatsächlich begann die Tätigkeit des Vulkans vor 700.000 Jahren, lange bevor der Mensch schreiben konnte. Anfangs erfolgten die Emissionen von vulkanischem Material nicht auf der Erdoberfläche sondern auf dem Meeresgrund, was das Aufschwimmen von Lava beweist, die als "Kissen" oder "pillow-lavas" bezeichnet wird. Dabei handelt es sich um rundliche, unregelmäßige Körper, einer neben dem anderen, die aus der Ansammlung von noch nicht gefestigtem Lavamaterial stammen, das sich am Fuß der Neigungen unter Wasser ansammelte. Der äußere Teil dieser "Kissen" kühlte durch den Kontakt mit dem Meereswasser schlagartig ab und bildete eine gläserne Kruste, die natürlich zerbrach: das Ergebnis dieses Phänomens ist der Schotter in den Zwischenräumen der einzelnen Blöcke, die "Ialoklast" genannt werden. Später verursachte die Erdschichtung, wahrscheinlich bedingt durch den Druck des Magmas, das Auftauchen des Meeresgrundes und somit den Beginn der überirdischen Tätigkeit des Vulkans. Das Material, das der Vulkan auswarf bestand hauptsächlich aus Lavaströmen, die dank ihres äußerst flüssigen Zustands, dem Vulkan diese sanfte Form verliehen, ohne schroffe Abhänge, und somit die klassische Morphologie des Vulkankegels schufen. Später nahm die Tätigkeit des Vulkans zu, bedingt durch die Entwicklung des Magmas zu zähflüssigeren Lavaarten, die dem Vulkangebilde ein herberes Aussehen verliehen, mit steileren Hängen, typisch für einen Vulkan, der aus Ablagerungen von Lavaströmen und Material aus Explosionen besteht. Diese Art Vulkan nennt man "Stratovulkan". Unter Magma versteht man die Silikat-Verschmelzung von gelöstem Gas und frei schwebenden Kristallen. Eine wichtige Charakteristik des Magmas zur Bestimmung der Explosivität ist die Zähflüssigkeit. Die Zähflüssigkeit ist direkt proportional zur Säure des Magmas, das heißt zum Kiesel- und Tonerdegehalt und umgekehrt proportional zur Temperatur der Schmelzung, wie beim Vorkommen von Alkali und Eisen und bei der Konzentration von Wasser und flüchtigen Elementen. Je dichter die Zähflüssigkeit ist, desto häufiger sind die Explosionen des Magmas während der Phase der Abkühlung, während sich bei dünnflüssigerer Lava die Gase auf kontinuierliche und sanftere Art lösen. Der Ätna als "Stratovulkan" war auf unterschiedlichste Weise tätig, konstruktiv und destruktiv, letzteres wird bezeugt durch großflächige Senkungen, "Caldera" genannt. Eines der deutlichsten und wichtigsten Beispiele hierfür ist sicherlich das des Valle del Bove. Die Tätigkeit des Ätnas ist zumeist effusiver Art mit relativ ruhigen Austritten von Lavaströmen, deren Geschwindigkeit 15 Km/h nicht übersteigt, zusammen mit kleineren Explosionen, jeweils an den Eruptionsschloten, bei denen man den Austritt von spektakulären Lavafontänen beobachten kann. Diese Effusionsart läst sich hauptsächlich auf die Flüssigkeit des Ätna-Magmas zurückführen, die "basaltisch" ist, das heißt relativ arm an Kiesel und Tonerde, in der Lage, hohe Temperaturen von bis zu 1.200 Grad zu erreichen. Auch wenn sich die Tätigkeit des Ätnas in seiner Mitte konzentriert, verfügt er an den Seiten über eine große Anzahl von Phänomenen, die sich größtenteils auf ein Gefüge von strahlenförmig angeordneten Aufbrüchen zurückführen lassen, an denen sich zahlreiche Nebenkegel bilden konnten. Gewöhnlich werden Vulkane mit Gebieten großer seismologischer Aktivität in Zusammenhang gebracht, zum Beispiel Bergketten neueren Ursprungs, mittel-ozeanische Bergrücken oder tektonische Gräben, in denen aufgrund des komplexen Zusammenspiels von Felsschollen, ungewöhnliche Kräfte freiwerden. Der Ätna befindet sich tatsächlich im Gebiet zwischen zwei solcher Erdschollen: nämlich der afrikanischen und der europäischen. Infolge ihrer Annäherung haben diese beiden Schollen, in geologischer Zeit, die Schließung des Urzeitmeers der Tethys bewirkt. Der Zusammenstoß der afrikanischen mit der europäischen Erdscholle war so komplex, daß es in einer Situation, von zumeist großem Druck, örtlich zu Entspannungszonen kam. Das Gebiet des Ätnas ist gerade solch eine Entspannungszone. Die Entstehung des Vulkans selbst basiert auf dieser Entspannung. Sie führte nämlich zu einer Dehnung der Lithosphäre, die aufgrund ihrer starren Beschaffenheit brach und so dem Magma, das sich in der Tiefe durch die Teilfusion des "Mantels", jenes Teils des Planeten unterhalb der Erdkruste bildete, ermöglichte emporzusteigen. Dieses Magma gelangte an die Oberfläche, nachdem es sich bei einer Tiefe von zirka 20 Kilometern gesammelt hatte und verursachte auf diese Weise, damals wie heute, den Ausbruch des Vulkans.

Ein eindrucksvolles Bild der Hänge des Ätnas.

Isole Eolie o Lipari
Capo D'Orlando
Milazzo
Grotta Azzurra
Capo S. Alessio
Forza d'Agrò
Lido di Mazzarò
Castelmola
Taormina
Capo S. Andrea
Isola Bella
Capo Taormina
Giardini
Naxos
Etna
Gole dell'Alcàntara
Naxos
Mascali
Acireale